PEPE ADRIEN

RATUS POCHE

COLLECTION DIRIGÉE PAR JEANINE ET JEAN GUION

Ratus chez les cow-boys

Les aventures du rat vert

- Le robot de Ratus
- Les champignons de Ratus
- Ratus raconte ses vacances
- Le cadeau de Mamie Ratus
- Ratus et la télévision
- Ratus se déguise
- Les mensonges de Ratus
- Ratus écrit un livre
- L'anniversaire de Ratus
- Ratus à l'école du cirque
- Ratus et le sapin-cactus
- Ratus et le poisson-fou
- Noël chez Mamie Ratus
- Ratus et les puces savantes
- Ratus en ballon
- Ratus père Noël
- Ratus à l'école
- Un nouvel ami pour Ratus
- Ratus et le monstre du lac
- Ratus et le trésor du pirate
- Ratus chez le coiffeur
- Ratus et les lapins
- Les parapluies de Mamie Ratus
- La visite de Mamie Ratus
- Ratus aux sports d'hiver
- Ratus pique-nique
- Ratus sur la route des vacances
- La grosse bêtise de Ratus
- Le secret de Mamie Ratus
- Ratus chez les robots
- Ratus à la ferme
- Ratus champion de tennis
- Ratus et l'œuf magique
- Ratus et le barbu turlututu
- Ratus chez les cow-boys
- Les fantômes de Mamie Ratus
- La classe de Ratus en voyage
- Ratus en Afrique
- Ratus et l'étrange maîtresse
- Ratus à l'hôpital
- Ratus et la petite princesse
- Ratus et le sorcier
- Ratus gardien de zoo
- En vacances chez Ratus
- Ratus le chevalier vert

© Hatier Paris 2010, ISSN 1259 4652, ISBN 978-2-218-92974-8

Ratus chez les cow-boys

Une histoire de Jeanine et Jean Guion
illustrée par Olivier Vogel

Hatier jeunesse

FAMILLE RATUS!
Virgil
WEST FARGO★EST
Marou
Ratus
Mina

Les personnages de l'histoire

À Léana, Alexandra et Paul,
qui sont au pays des cow-boys.

1

Dans la salle d'attente du dentiste, Mamie
Ratus patiente en feuilletant une revue. Elle
s'attarde devant une publicité qui vante des 1
vacances au Far West et elle sourit à la photo 2
d'un cow-boy qui caresse l'encolure de son
cheval. Elle rêve à son prochain mari…

– Ce sera un cow-boy, décide-t-elle.

Elle déchire la page, se lève, annule son
rendez-vous et court dans une agence de
voyages. Elle en ressort un peu plus tard avec
un dépliant intitulé : *Vivez 15 jours dans un*
ranch, une aventure extraordinaire ! 3

Le lendemain, elle se rend chez Ratus et lui montre la publicité.

– Regarde ce cow-boy comme il est beau,

lui dit-elle avec un grand sourire. Il a l'air aussi costaud que Victor et aussi gentil que Belo : ce sera mon quatorzième mari.

Ratus éclate de rire.

– Mamie, tu te crois dans un western ! Tu 4
as dû t'endormir devant ta télé et tu as rêvé. Les cow-boys vivent très loin d'ici, aux États-Unis d'Amérique.

– Eh bien, on va y aller ! s'écrie la grand-mère. J'ai fait des économies.

Ratus téléphone à Marou et à Mina qui arrivent en courant. Ils ont envie de voir le futur mari de Mamie Ratus.

– Il a une étoile de shérif ! s'exclame Mina. 5

Mamie Ratus se penche pour regarder la photo plus attentivement.

– Ça, il ne me l'avait pas dit dans mon rêve. Un mari avec une étoile, c'est encore mieux. Allez, je vous invite tous au pays des cow-boys.

Ratus et ses amis dansent de joie, puis Marou va chercher son grand-père et Victor. Mais Belo dit qu'il doit rester pour arroser les légumes de son jardin et Victor qu'il doit s'entraîner pour les jeux olympiques.

– Taratata, fait Mamie Ratus. La pluie arrosera les salades. On va monter à cheval et attraper des vaches au lasso, ce sera génial. Et vous pourrez devenir shérifs. Comme ça, vous aurez une étoile, vous aussi !

Belo regarde Victor et fait la grimace. Il ne veut pas d'une étoile de shérif.

– Re-taratata ! Surprise : on part tous lundi prochain ! J'ai déjà pris les billets d'avion. Préparez vos passeports.

Quand Mamie Ratus a décidé quelque chose, on ne peut qu'obéir. Pourtant, Belo essaie encore de résister.

– Il paraît qu'il y a plein de serpents à sonnettes, là-bas…

Où Mamie Ratus veut-elle emmener Ratus, Victor et les chats ?

Inquiète, Mamie Ratus plonge le nez dans son dépliant pour le lire.

– Non, répond-elle, soulagée, les serpents à sonnettes sont en plastique. Ils imitent juste le bruit des vrais.

– Et il y a des Indiens ! dit encore Belo.

Mamie Ratus plonge à nouveau le museau dans son dépliant tandis que Victor précise :

– De vrais Indiens, comme dans les films, avec un arc et des flèches qu'ils vous lancent dans le derrière !

Mamie Ratus ne trouve rien sur les Indiens et décide qu'ils sont en plastique eux aussi,
que les bisons sont en peluche et les coyotes 6
empaillés. 7

Alors Belo et Victor, résignés, se disent que 8
le plus simple est d'accepter. Un voyage au pays des cow-boys, après tout, ce sera peut-être une belle aventure.

2

L'avion, le bus, le train… Après quinze heures de voyage, nos amis arrivent dans une petite gare. Ils sont épuisés. Un vieux cow-boy les attend.

– Bonjour à tous ! Je m'appelle Virgil.

– Où est l'hôtel ? demande Mamie Ratus.

– Y'en a pas, grogne le cow-boy dans sa barbe. On va au ranch. Suivez-moi !

Il les conduit jusqu'à une diligence. En la voyant, Ratus s'écrie :

– Chouette, une vraie diligence !

– Ben oui, dit le cow-boy. C'est celle de mon arrière-grand-père. On l'a repeinte cet hiver. Alors, elle est comme neuve.

Tout le monde s'y installe et, fouette

cocher, en route pour l'aventure !

Après une heure sur des pistes, ils arrivent dans un ranch où ils sont accueillis avec gentillesse : Mamie Ratus peut se balancer sur un fauteuil à bascule en sirotant une citronnade très fraîche, tandis que Belo et Victor vont visiter les écuries.

– Nous, on va voir les vaches, dit Ratus.

– Elles ne sont pas là, dit le vieux cow-boy. Allez plutôt voir les moutons.

– D'accord, dit Mina. J'aime bien les moutons. Ils sont mignons.

Quand nos amis reviennent, Mamie Ratus n'est plus dans son fauteuil à bascule. Elle n'est pas non plus dans les écuries, ni dans la maison. Elle a disparu !

– Je sais où elle est allée, dit Virgil. Elle est partie à la rencontre du cow-boy de la publicité…

Il montre du doigt la colline et la forêt de

l'autre côté de la rivière, puis il hausse les épaules en grognant :

– Je lui ai dit que sur la pub, ce n'est pas un vrai cow-boy. C'est un acteur de cinéma qui vit à Hollywood. Ça m'étonnerait qu'elle le trouve ici !

– Mais elle va se perdre ! s'écrie Ratus. Et la nuit va bientôt tomber !

Il met ses mains en porte-voix et appelle sa grand-mère. Un hurlement lui répond.

– Ça, c'est un coyote, dit Virgil. Quand elle va le voir, elle va revenir en courant ! Et puis, il y a aussi les Indiens…

Tout à coup, une sorte de cloche retentit. C'est le cuisinier qui tape sur un gong pour signaler qu'il est temps de passer à table.

– Ta grand-mère ne va pas manger, dit Belo en s'asseyant.

– C'est pas grave, répond Ratus. Elle ne mange pas le soir : elle fait le régime.

Virgil souhaite bon appétit à tout le monde et chacun remplit son assiette.

Après le repas, les touristes sont conduits derrière le ranch où sont plantées des tentes.

– C'est là que vous dormirez, dit-il. Pour
vous laver, il y a l'abreuvoir. Si vous voulez 9
prendre un bain, il y a la rivière. Mais pas de savon dans la rivière, ça la polluerait. Les Indiens veulent qu'elle reste pure, et ils ont raison.

Nos amis se promettent de rester éveillés jusqu'à ce que Mamie Ratus soit de retour avec son nouveau mari, mais ils s'endorment bientôt, épuisés par la fatigue du voyage.

••••••

Où vont coucher Ratus et ses amis ?

3

La nuit, les ronflements de Belo et de Victor s'ajoutent au chant des grillons et au coassement des grenouilles, mais ce vacarme n'empêche pas les plus jeunes de dormir. Pourtant, vers deux heures du matin, le rat vert se réveille en sursaut et fait un bond sur son matelas de mousse.

– Mamie ?

Quelque chose lui chatouille les pieds. Il se met à gigoter et à rire comme un fou.

– Arrête, Mamie ! Arrête !

Ses cris réveillent Marou qui dort sous la même tente que lui.

– Qu'est-ce que tu fabriques ? Tu fais un cauchemar ?

Même Mina se réveille, dans la tente voisine. Elle proteste :

– Laisse-nous dormir, Ratus. Tais-toi.

Mais le rat vert rit de plus en plus fort. Marou prend sa lampe électrique. Il éclaire l'entrée de la tente : une chèvre est en train de lécher les orteils de son copain.

– Je me suis pourtant lavé les pieds dans l'abreuvoir, dit Ratus. Je les ai même salés pour les désinfecter.

Belo et Victor ont fini par se réveiller eux aussi. Ils sortent de leur tente et ils éclatent de rire.

– Ah, ce Ratus ! Tu ne sais pas que les chèvres adorent le sel ? Pas étonnant que l'une d'elles soit venue te lécher les pieds !

Ratus va patauger dans l'abreuvoir pour se rincer, mais à peine recouché, quelque chose lui frotte les orteils. On dirait de la laine… Cette fois, c'est un mouton !

– Comme il a l'air gentil ! dit Mina qui met le nez hors de sa tente.

– Je crois qu'il montre ton livre, dit Marou. Il veut que tu lui lises une histoire.

– Moi, je veux dormir, dit Ratus. Mouton laineux, laisse-moi tranquille !

Mais le mouton refuse de s'en aller, alors Ratus lui lit une page, puis une autre, puis encore une autre. Pas moyen de s'arrêter, car dès que Ratus ferme son livre, le mouton avance sous la tente pour lui faire des câlins en lui donnant de petits coups de tête.

– J'en suis à la page 37 et il veut que je continue ! rouspète le rat vert.

– Be-êê, bêê ! fait le mouton.

– Bonne nuit, dit Mina. Moi, je retourne sous ma tente. J'ai sommeil.

– Moi aussi, dit Marou en se tournant pour ne plus voir le mouton.

Et Ratus reprend sa lecture en soupirant.

Que fait Ratus dans l'histoire ?

Le mouton pose alors les pattes sur le matelas du rat vert et ferme les yeux.

– Hé ! Va-t'en ! proteste Ratus.

– Be-êê, bêê ! Be-êê, bêê ! insiste le mouton câlin en avançant encore un peu plus sur le matelas.

Petit à petit, il prend toute la place. Ratus est obligé de se tenir assis sur son oreiller. Bien sûr, il essaie de pousser le mouton pour le faire sortir, mais comme l'animal grogne, Ratus se dépêche de lire une nouvelle page. Et quand il arrive à la page 55 de son livre, il s'aperçoit que le mouton occupe tout son matelas et s'est endormi contre lui.

– Il est gentil, pense Ratus. Mais quel pot de colle ! Un vrai gros nounours en laine. Moi, j'ai sommeil. Et je ne peux tout de même pas dormir assis sur mon oreiller !

Heureusement, il reste la tente de Mamie Ratus qui n'est toujours pas revenue.

Le rat vert se sauve sur la pointe des pieds, sans faire de bruit. Il se dit avec un petit sourire malin :

« Marou fera une drôle de tête en se réveillant tout à l'heure ! En ouvrant les yeux, au lieu de me voir, il va se trouver nez à nez avec mon mouton ! »

Et la nuit se termine dans le calme, le mouton dormant d'un profond sommeil à côté de Marou.

4

Le lendemain matin, Mamie Ratus n'est toujours pas de retour, mais le rat vert ne s'inquiète pas trop. Il est habitué aux fantaisies de sa grand-mère. Il sait qu'elle finit toujours par se sortir de toutes les situations, même les plus périlleuses.

Et la vraie vie de cow-boy commence : toilette dans la rivière, petit déjeuner avec des œufs, du bacon, des saucisses de bœuf, des haricots blancs au ketchup et des crêpes au sirop.

Viennent ensuite les exercices pratiques.

– D'abord, vous allez essayer d'attraper un mouton au lasso, dit Virgil. C'est simple : ils se laissent prendre facilement, vous verrez.

Le premier qui réussira gagnera une cravate de cow-boy.

Chacun apprend à tenir son lasso, à le lancer et hop ! on commence. Raté ! Encore raté ! Toujours raté ! Victor a même réussi à lancer le sien dans les jambes de Belo qui en est tombé sur le derrière. Au troisième essai, Ratus a envoyé le sien dans l'abreuvoir, ce qui amuse beaucoup Marou et Mina. Mais surprise ! Voilà le mouton de cette nuit qui tire sur le lasso pour le sortir de l'eau, puis qui passe sa tête dans la boucle !

– Mais… il s'attrape tout seul, dit Virgil. Ça alors, je n'avais jamais vu ça !

Ratus se pavane en disant qu'il a gagné, 11
qu'il est le meilleur et que Victor, à côté de lui, est un cow-boy de la ville.

Mais le mouton est un farceur ! Soudain, il se sauve et entraîne Ratus qui ne veut pas lâcher son lasso pour avoir sa cravate de cow-boy. Et voilà que l'animal change tout à coup de direction, au moment où Ratus passe à côté de l'abreuvoir… Trop tard et plouf! Ratus plonge la tête dans l'eau.

– Bêê ! fait le mouton en dégageant sa tête du lasso. Bêê ! Bêê ! Bêê !

– Il se moque de toi, dit Victor.

– Mais non, répond Ratus. On s'amuse.

Pendant ce temps, Virgil est allé chercher deux chevaux et trois mules. Une fois de retour, il explique :

– Au début, les enfants monteront des mules. C'est plus facile que des chevaux.

– Moi, je veux monter sur un cheval, et sur le noir, dit Ratus. C'est le plus beau !

– C'est aussi le plus nerveux, dit Virgil. tu risques de…

– Blablabla, fait Ratus. Dans ma famille, on sait monter à cheval dès la naissance. Vous allez voir !

Qu'est-ce que Ratus promet au cheval pour qu'il se calme ?

Il prend son élan et saute sur le cheval noir qui se cabre, puis fait des ruades pour essayer 12
de se débarrasser du rat vert. Mais celui-ci est accroché à son cou et, couché à plat ventre sur sa monture, il réussit à rester en selle. Il lui parle à l'oreille et l'animal se calme.

– Qu'est-ce que tu lui as dit ? demande Victor, qui a un peu peur.

– Je lui ai promis une friandise, dit Ratus.

Il fouille dans sa poche, en sort un morceau de fromage orange et le donne au cheval qui se régale et en redemande.

Aussitôt, Victor imite le rat vert et dit au deuxième cheval :

– Si tu me laisses monter sans me faire tomber, je te donne une saucisse.

Le cheval de Victor a vu que son copain d'écurie se régalait et il pense que ces touristes-là ont des friandises en réserve. Victor sort de sa poche la saucisse qu'il a gardée de son petit déjeuner. Avant que Virgil ait pu intervenir, le cheval mord dedans, pousse un hennissement terrible, recrache tout et regarde Victor de travers. Les chats rient de bon cœur et Ratus ricane :

– Victor croit que les chevaux mangent de la viande ! Moi, je suis pas bête, j'ai donné au mien du fromage à la carotte.

Victor grogne, furieux. Il essaie de se hisser 13
sur son cheval, mais à ce moment précis, Ratus lance en l'air un morceau de fromage orange et le cheval de Victor se cabre pour l'attraper. Boum ! Victor tombe sur les fesses et le cheval s'approche de Ratus pour réclamer une autre friandise.

– Virgil, demande le rat vert, puisque Victor ne sait pas faire, est-ce que je peux monter les deux chevaux à la fois ?

– Impossible, à moins d'être un acrobate ! Et tu n'en es pas un, répond le vieux cow-boy.

– C'est dommage, soupire Ratus. J'aurais bien aimé faire comme au cirque, debout, un pied sur chaque cheval.

Belo sourit, Virgil hausse les épaules :

– Fanfaron ! On est au pays des cow-boys, 14
ici. Pas au cirque. Laisse ce cheval à Belo.

Puis il se tourne vers Victor :

– Je vous propose de monter sur une mule… euh… comme les chercheurs d'or, ajoute-t-il pour ne pas le vexer.

– Je te donne ma mule, dit Ratus. Moi, je garde mon cheval noir.

5

L'après-midi, nos apprentis cow-boys montent en selle sur leurs chevaux et sur leurs mules. Sous la direction de Virgil, ils doivent rejoindre des pionniers qui ont arrêté leurs chariots dans une grande prairie, à quelques kilomètres du ranch. Après une chevauchée agréable, ils arrivent en vue des chariots.

– Ils se sont mis en cercle, dit Ratus, inquiet. On se croirait dans un western. Il va y avoir une attaque !

Nos amis entendent des cris et descendent vite de leur monture. Sur une colline, plus loin, une dizaine d'Indiens se sont regroupés et brandissent leurs arcs.

– Couchez-vous par terre et ne bougez plus ! leur crie Virgil.

Les Indiens se mettent à tourner autour des chariots en poussant des cris de guerre et en tirant des flèches en l'air.

– S'ils nous voient, ils vont nous viser ! dit Ratus, encore plus vert que d'habitude, tellement il a peur.

Belo essaie de rassurer Marou et Mina. Victor se cache les yeux. Et soudain, des coups de feu retentissent. Les pionniers se défendent ! Virgil, lui, a l'air calme.

– Avec moi, vous ne craignez rien, dit-il.

On dirait presque qu'il s'amuse.

– Je veux ma mamie, murmure Ratus. Où elle est ?

Soudain, la fusillade s'arrête. Trois Indiens et deux pionniers sont étendus sur la prairie. Ils ne bougent plus. Mais voilà que Virgil crie, les mains en porte-voix :

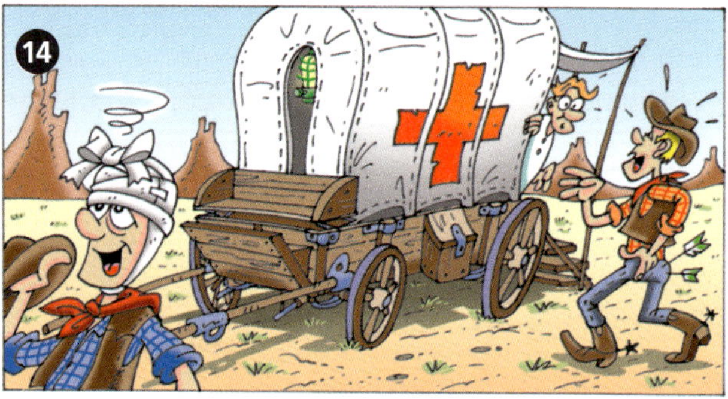

Comment se termine l'attaque des Indiens ?

– Fin des hostilités ! Tout le monde vers le chariot-cuisine ! 16

Les Indiens posent leurs arcs et leurs flèches, les pionniers leurs fusils et tous se dirigent vers le chariot. Ceux qui étaient couchés se relèvent, enlèvent la poussière de leurs vêtements et suivent les autres !

– Personne n'est mort ? demande Ratus à Virgil.

– Bien sûr que non ! répond le vieux cow-boy en riant de bon cœur. Tous ces gens sont des cascadeurs. Leur numéro est au point, n'est-ce pas ?

Belo et Victor en restent bouche bée. Des 17
vacances au Far West avec une attaque des Indiens, ils n'auraient pas cru cela possible ! Mina en tremble encore un peu et Ratus applaudit très fort.

– C'est encore mieux qu'au cinéma, dit Marou, radieux.

Tout le monde s'assoit autour de grandes tables de bois et le cuisinier apporte du café, des jus de fruit, de grosses parts de tarte, du pain et de la confiture. Les cow-boys chantent entre deux tasses de café et les Indiens parlent de leurs traditions. 18

– Vous êtes de vrais Indiens ? demande Ratus. Des vrais de vrais ?

– Oui, bien sûr.

– Et, en plus, vous êtes cascadeurs ?

– Oui, tous les gens que tu vois là sont des cascadeurs, les pionniers et les Indiens.

– Virgil aussi ?

– Non, il est trop vieux pour faire ce métier.

– Ma grand-mère m'a dit que les Indiens de ces vacances seraient en plastique…

Éclat de rire général.

– Non, nous ne sommes pas en plastique. Quelle drôle d'idée !

Ratus hoche la tête, déçu.

– Alors, ma mamie a dit un très gros mensonge. Elle a dit aussi que…

L'un des Indiens a froncé les sourcils.

– Ta mamie, elle est venue avec vous ?

– Oui, mais on l'a perdue. Elle cherche le cow-boy de la publicité.

Les cascadeurs se regardent.

– On sait où elle est, dit un Indien. Elle ne pense plus au cow-boy. Elle a voulu épouser le chef de notre village. Ça s'est mal passé : elle a pris sa coiffe de cérémonie et se l'est mise sur la tête. Le chaman a déclaré que les ombres de la nuit et de l'orage étaient entrées dans sa tête.

– Ma mamie ne va pas bien ?

– Non, mais elle ira mieux demain. On va la purifier dans l'eau de la rivière, au clair de lune. On dansera et elle sera guérie. Elle ne voudra plus épouser notre chef.

À quoi Mamie Ratus a-t-elle échappé ?

– Vous ne lui ferez pas de mal ? demande Virgil, un peu inquiet.

Les Indiens partent d'un grand rire.

– Bien sûr que non ! On veut juste la guérir de ses ondes négatives. Si elle veut une coiffe 21
de plumes, elle n'a qu'à en acheter une à la boutique du ranch.

– C'est vrai, dit Virgil, on vend de belles coiffes en plumes de dindes qui ressemblent à de vraies plumes d'aigles.

Soudain, un cheval arrive au galop et se met à tourner autour des chariots. Un cavalier est couché sur le cou de l'animal et s'y cramponne pour ne pas tomber. C'est une femme.

– Ma mamie ! s'écrie Ratus.

– Le cheval du chef ! s'écrie un Indien.

En voyant les cascadeurs, l'animal s'immobilise, donne une ruade et Mamie Ratus est projetée dans l'herbe.

– Au secours ! crie-t-elle en montrant les Indiens. Il y en a qui voulaient me jeter dans la rivière !

L'un d'eux se précipite vers Mamie Ratus et l'aide à se relever. Virgil essaie de la rassurer :

– Ils voulaient juste vous tremper un peu dans l'eau pour purifier votre tête…

– Ma tête, elle va bien ! grogne la grand-mère. J'aurais bien aimé avoir un mari avec des plumes, mais le chaman n'a pas voulu. Il m'a dit de chercher plutôt un mari du Far West, un cow-boy avec de jolies bottes et un grand chapeau.

6

Le lendemain dimanche, Virgil conduit nos amis à la ville pour assister à un rodéo. En chemin, il s'arrête devant la gare et dépose Mamie Ratus qui veut absolument prendre le train pour Hollywood, et partir à la recher- 22
che de son cow-boy de rêve.

Le rodéo est un jour de fête. Tout le monde s'amuse. Les cow-boys sont de vrais casse-cou.

– Ils sont un peu fous, dit Ratus. Ce qu'ils font, c'est dangereux. Moi, une fois, j'ai joué au rodéo avec ma moto. Aïe, aïe, aïe !

Heureusement, Victor n'a pas entendu, sinon il se serait moqué du rat vert. Mina, elle, pense aux animaux :

– Les pauvres petits veaux, on les fait tomber et on leur attache les pattes ! Au moins, au ranch, on n'a pas fait mal aux moutons avec nos lassos.

– Parce qu'on les a ratés ! dit Marou.

– Sauf moi, dit Ratus en montrant la cravate de cow-boy qu'il a gagnée.

Les jours suivants, nos amis réussissent tous à devenir de bons cavaliers. Ils ont laissé les mules et font des randonnées à cheval. Ils soignent même les animaux. Belo et Victor gagnent une étoile de shérif, Marou et Mina des mocassins. 23

À la veillée, autour d'un feu de bois, ils chantent des chansons du Far West. Ils écoutent les Indiens raconter des légendes et l'histoire de leur tribu. Le dernier soir, le chef demande :

– Avez-vous des nouvelles de la vieille dame qui a les ombres de la nuit dans sa tête ?

Elle n'est pas encore revenue avec son cow-boy de cinéma ?

– Euh… non, répond Ratus.

– Ah, j'oubliais ! dit Virgil. On a reçu un message tout à l'heure.

Il sort une feuille de sa poche, la déplie et lit : « Rentrez sans moi. Je n'ai pas encore trouvé mon cow-boy de rêve, mais j'ai mieux : demain, je fais un essai pour jouer dans un film sur la vie de Marylin Monroe. J'espère bien avoir le rôle principal ! »

Le chef indien hoche la tête et soupire.

– Ta grand-mère, elle a des feux follets 24
dans le cœur. On ne pourrait pas la guérir, même en la laissant un mois dans l'eau pure de la rivière. Mais toi et tes amis, vous avez le soleil dans le cœur. Alors, je vous offre des bonbons de ma tribu en signe d'amitié.

Il ouvre une boîte qu'il avait apportée avec lui et la fait circuler.

Qui a gagné une étoile de shérif ?

– Hum ! Ils sont délicieux, dit Mina la gourmande.

– On ne fume plus le calumet de la paix, 25
de nos jours ? demande Ratus.

C'est Virgil qui répond :

– Non, c'est mauvais pour la santé. Mais
à la boutique du ranch, vous trouverez tout
ce que vous voulez : des bonbons indiens, des
coiffes à plumes, des calumets souvenirs en
plastique et des poupées Kachina. 26

Et c'est ainsi que nos amis sont rentrés à Villeratus, la tête et les valises pleines de souvenirs.

– C'étaient de belles vacances, dit Ratus. Et ma Mamie va devenir une vedette de cinéma !

1
elle **vante**
La publicité dit du bien de ces vacances.

2
le **Far West**
Autrefois, pays des cow-boys, à l'ouest des États-Unis.

3
un **ranch**
Grande ferme d'élevage aux États-Unis.

4
un **western**
Film d'aventures qui raconte la conquête de l'ouest des États-Unis sur les Indiens.

5
un **shérif**
Sorte de policier, chargé de faire respecter la loi. Il porte un insigne avec une étoile.

6
un **bison**

un **coyote**

7
empaillé
Animal mort qu'on a garni de paille pour le conserver.

8
résigné
Quand on accepte ce qu'on n'a pas envie d'accepter.

9
un **abreuvoir**
Bassin pour faire boire les animaux.

10
périlleux
Qui fait courir un danger.

11
se pavaner
Marcher en se redressant quand on se croit fort et malin.

12
se cabrer
Se dresser sur les pattes arrière.

une **ruade**
Quand le cheval lance en l'air ses deux pattes arrière.

13
se hisser
Grimper, monter avec peine.

14
un **fanfaron**
Personne qui se vante de ses exploits, vrais ou faux.

15
un **pionnier**
Personne qui s'installe sur des terres inhabitées pour les cultiver.

16
les **hostilités**
La guerre.

17
bouche bée
Bouche ouverte d'admiration ou d'étonnement.

18
les **traditions**
Les coutumes d'un peuple transmises de génération en génération.

19
une **coiffe de cérémonie**
Coiffure portée pour célébrer un événement important.

20
le **chaman**
(on prononce cha-ma-n')
Sorte de prêtre, à la fois sorcier et guérisseur.

21
des **ondes négatives**
Des paroles qui montrent le mauvais côté des choses.

22
Hollywood
Ville de l'ouest des États-Unis, célèbre pour ses studios de cinéma.

23
des **mocassins**
Chaussures en peau souple, cousues sur le dessus.

24
des **feux follets**
Petites flammes qui sautillent. C'est aussi une personne qui change souvent d'idées.

25
un **calumet de la paix**
Pipe à long tuyau que les Indiens fumaient en signe de paix.

26
une poupée **kachina**
Poupée indienne représentant un esprit de la nature.

Les aventures du rat vert

- 1 Le robot de Ratus
- 3 Les champignons de Ratus
- 6 Ratus raconte ses vacances
- 7 Le cadeau de Mamie Ratus
- 8 Ratus et la télévision
- 15 Ratus se déguise
- 19 Les mensonges de Ratus
- 21 Ratus écrit un livre
- 23 L'anniversaire de Ratus
- 26 Ratus à l'école du cirque
- 29 Ratus et le sapin-cactus
- 36 Ratus et le poisson-fou
- 39 Noël chez Mamie Ratus
- 40 Ratus et les puces savantes
- 46 Ratus en ballon
- 47 Ratus père Noël
- 50 Ratus à l'école
- 54 Un nouvel ami pour Ratus
- 57 Ratus et le monstre du lac
- 61 Ratus et le trésor du pirate
- 67 Les belles vacances de Ratus
- 1 Ratus chez le coiffeur
- 2 Ratus et les lapins
- 3 Les parapluies de Mamie Ratus
- 8 La visite de Mamie Ratus
- 9 Ratus aux sports d'hiver
- 13 Ratus pique-nique
- 23 Ratus sur la route des vacances
- 27 La grosse bêtise de Ratus
- 31 Le secret de Mamie Ratus
- 38 Ratus chez les robots
- 41 Ratus à la ferme
- 46 Ratus champion de tennis
- 56 Ratus et l'œuf magique
- 60 Ratus et le barbu turlututu
- 64 Ratus chez les cow-boys
- 66 Le jeu vidéo de Ratus
- 5 Les fantômes de Mamie Ratus
- 8 La classe de Ratus en voyage
- 12 Ratus en Afrique
- 16 Ratus et l'étrange maîtresse
- 26 Ratus à l'hôpital
- 29 Ratus et la petite princesse
- 31 Ratus et le sorcier
- 33 Ratus gardien de zoo
- 47 En vacances chez Ratus
- 52 Ratus le chevalier vert

Super-Mamie et la forêt interdite

- 42 Super-Mamie et le dragon
- 44 Les farces magiques de Super-Mamie
- 48 Le drôle de cadeau de Super-Mamie
- 59 Super-Mamie et le coiffeur fou
- 42 Au secours, Super-Mamie !
- 45 Super-Mamie et la machine à rétrécir
- 57 Super-Mamie, dentiste royale
- 62 Le Grand Baboul fait la classe

Collection Ratus Poche

Les histoires de toujours

- 27 Icare, l'homme-oiseau
- 32 Les aventures du chat botté
- 35 Les moutons de Panurge
- 37 Le malin petit tailleur
- 41 Histoires et proverbes d'animaux
- 49 Pégase, le cheval ailé
- 26 Le cheval de Troie
- 43 La légende des santons de Provence
- 49 Les malheurs du père Noël
- 52 À l'école de grand-père
- 21 L'extraordinaire voyage d'Ulysse
- 36 Les douze travaux d'Hercule
- 40 Les folles aventures de Don Quichotte
- 46 Les mille et une nuits de Shéhérazade
- 49 La malédiction de Toutankhamon
- 50 Christophe Colomb et le Nouveau Monde

Ralette, drôle de chipie

- 10 Ralette au feu d'artifice
- 11 Ralette fait des crêpes
- 13 Ralette fait du camping
- 18 Ralette fait du judo
- 24 Une surprise pour Ralette
- 28 Le poney de Ralette
- 38 Ralette, reine du carnaval
- 45 Ralette, la super-chipie !
- 51 Joyeux Noël, Ralette !
- 56 Ralette, reine de la magie
- 62 Ralette et son chien
- 70 En voiture, Ralette !
- 4 Ralette n'a peur de rien
- 6 Mais où est Ralette ?
- 44 Les amoureux de Ralette

L'école de Mme Bégonia

- 11 Drôle de maîtresse
- 25 Un voleur à l'école
- 33 Un chien à l'école

La classe de 6e

- 44 La classe de 6e au Puy du Fou
- 48 La classe de 6e contre les troisièmes

Collection Ratus Poche

Les imbattables

- 54 La rentrée de Manon
- 55 Le chien de Quentin
- 58 Barnabé est amoureux !
- 61 Le courage de Manon
- 63 Le mystère du cheval sauvage
- 65 Les éléphants en danger
- 67 Manon et le bébé loup

Baptiste et Clara

- 30 Baptiste et le requin
- 40 Clara et la robe de ses rêves
- 51 Clara et le secret de Noël
- 53 Les vacances de Clara
- 59 Clara fait du cinéma
- 38 Clara superstar
- 41 Clara et le garçon du cirque
- 43 Clara, reine des fleurs
- 45 Clara et le cheval noir
- 51 Clara et le dauphin

Francette top secrète

- 52 Mystère à l'école
- 53 Drôle de momie !
- 55 Mission Noël
- 58 Enquête à quatre pattes
- 60 Le fantôme de Trucmachin
- 64 Vacances au Pouloulou
- 68 Justin à la folie

M. Loup et Compagnie

- 63 Mission petite souris
- 65 SOS, père Noël !
- 66 Trop bon, le dinosaure !
- 69 Attention, ouistiti !

Conception graphique couverture : Pouty Design
Conception graphique intérieur : Jean Yves Grall • mise en page : Atelier JMH

Imprimé en France par Pollina, 85400 Luçon - FRANCE - n° L57805
Dépôt légal n° 92974-8 / 02 - août 2011